庄子诗传

庄/子/寓/言/朗/诵/诗

辛龙 ⊙ 著

青岛出版集团
青岛出版社

图书在版编目（CIP）数据

庄子诗传 / 辛龙著. — 青岛：青岛出版社，2023.4
ISBN 978-7-5736-1073-7

Ⅰ.①庄… Ⅱ.①辛… Ⅲ.①道家②《庄子》—少儿读物 Ⅳ.①B223.5-49

中国国家版本馆CIP数据核字（2023）第054381号

		ZHUANGZI SHI ZHUAN
书　　名		庄子诗传
著　　者		辛　龙
出版发行		青岛出版社
社　　址		青岛市崂山区海尔路182号（266061）
本社网址		http://www.qdpub.com
邮购电话		0532-68068091
策　　划		吴清波
责任编辑		梁　娜
助理编辑		朱子菡
配　　画		朱　灿
装帧设计		李开洋
平面制作		青岛齐合传媒有限公司
印　　刷		青岛国彩印刷股份有限公司
出版日期		2023年4月第1版　2023年4月第1次印刷
开　　本		16开（710mm×1000mm）
印　　张		12
字　　数		200千
图　　数		55幅
印　　数		1-10050
书　　号		ISBN 978-7-5736-1073-7
定　　价		49.80元

编校印装质量、盗版监督服务电话　4006532017　0532-68068050

　　庄子（约前369—前286）是我国战国时期的哲学家、文学家，道家学派的代表人物。《庄子》，亦称《南华经》，系庄子及其后学著，其文字优美，想象力丰富，说理透彻，几千年来魅力不减。中国寓言文学家尊庄子为奠基人，小说家视庄子为鼻祖，而文学理论家又称其为浪漫主义文学大师。

目录

第一章
内篇

003 _ 鹏程万里
008 _ 尧让天下
012 _ 宋人适越
015 _ 大葫芦
019 _ 不龟手之药
022 _ 朝三暮四
027 _ 丽姬泣海

030 _ 罔两问景
033 _ 庄周梦蝶
036 _ 庖丁解牛
040 _ 大野鸡
043 _ 螳臂当车
047 _ 无用之用
052 _ 相濡以沫

第二章
外篇

- 057 _ 臧穀亡羊
- 062 _ 车轮匠的道理
- 067 _ 丑女效颦
- 072 _ 望洋兴叹
- 077 _ 井底之蛙
- 083 _ 邯郸学步
- 088 _ 曳尾涂中
- 092 _ 鸱得腐鼠
- 096 _ 安知鱼乐
- 100 _ 鲁侯养鸟
- 104 _ 丈人承蜩
- 108 _ 祭官说猪
- 111 _ 纪渻子养斗鸡
- 114 _ 林回弃璧
- 119 _ 螳螂捕蝉
- 123 _ 恶贵美贱
- 127 _ 鲁国少儒
- 132 _ 无所不在

第三章
杂篇

- 139 _ 害群之马
- 143 _ 运斤成风
- 146 _ 猴子逞能
- 150 _ 蜗角蛮触
- 153 _ 涸辙之鲋
- 158 _ 神龟遭难
- 162 _ 任公子钓鱼
- 166 _ 庄周说剑
- 172 _ 屠龙之技
- 175 _ 曹商舐痔
- 180 _ 千金之珠
- 183 _ 庄子将死

第一章 内篇

鹏程万里

北海苍茫生烟尘，
浩渺无际万丈深。
一条大鱼长百里，
硕大无比名为鲲。

大鲲从小有个梦，
要去南海看彩虹。
风起云涌时机到，
跃出水面搏长空。

出水化为大鹏鸟，
一跃而起逐浪高。
扶摇直上九万里，
越飞越高众山小。

目视南方展双翅,
遮天盖地蔽云日。
迎着狂风和暴雨,
千难万险志不移。

地上有只小斑鸠，
听到风声仰起头。
看到大鹏天上过，
不以为然开笑口：

"我有翅膀也会飞，
上树捉虫享美味。
你飞万里有何事？
不如吃饱早点睡！"

小斑鸠，见事少，
大鹏高飞敢讥笑。
斑鸠怎知鲲鹏志？
小鸟不识大英豪！

《庄子》精读

北冥①有鱼,其名为鲲②。鲲之大,不知其几千里也。化而为鸟,其名为鹏③。鹏之背,不知其几千里也。怒④而飞,其翼若垂⑤天之云。是鸟也,海运⑥则将徙于南冥。南冥者,天池⑦也。

············

蜩⑧与学鸠⑨笑之曰:"我决起⑩而飞,抢⑪榆⑫枋⑬,时则不至而控⑭于地而已矣,奚以⑮之⑯九万里而南为⑰?"

——《庄子·逍遥游》

【解读】

蝉和斑鸠嘲笑大鹏,殊不知它们自己才是最可笑的。它们是那么渺小,不但不求上进,还嘲笑别人的雄心壮志。正所谓"燕雀安知鸿鹄之志哉!"目光短浅的人又怎么会了解有志者的抱负呢?

【注释】

① 冥:通"溟",浩瀚无边。北冥即北海,下文的南冥则指南海。传说北海无边无际,水深而黑。
② 鲲(kūn):传说中的大鱼名。
③ 鹏:这里指传说中最大的鸟。
④ 怒:奋起的样子,这里指鼓起翅膀。
⑤ 垂:通"陲",边陲,边际。
⑥ 海运:海动风起。古有"六月海动"之说。海运之时必有大风,因此大鹏可以乘风南行。

第一章 ⊙ 内篇

⑦ 天池：天然形成的大池。

⑧ 蜩（tiáo）：蝉。

⑨ 学鸠（jiū）：小斑鸠，一种候鸟。

⑩ 决（xuè）起：迅速而起。

⑪ 抢（qiāng）：冲，撞。

⑫ 榆：榆树。

⑬ 枋（fāng）：檀树。

⑭ 控：投，落下。

⑮ 奚以：哪里用得着，何必。

⑯ 之：往，到。

⑰ 为：句末语气词，表反问。

尧让天下

上古尧帝穿黑衣，
红车白马游大地。
掌管天下各部族，
奠定华夏万世基。

分四季，定节气，
明伦理，习礼仪。
治理水患保农耕，
万民称颂不自喜。

朝思暮想选贤良，
虚怀若谷胸襟旷。
听说许由性高洁，
登门拜访诉衷肠：

"火烛难争日月光，
浇水不及甘霖降。
久闻先生是大才，
愿将帝位相禅让！"

第一章 内篇

许由听罢直摇头，
斩钉截铁不接受：
"您登帝位治天下，
我来代替何理由？

鹪鹩飞舞大森林，
筑巢只需枝一根。
鼹鼠饮水在河边，
喝满小肚就开心。

我似野鹤啼清韵，
生性淡泊穿闲云。
我要天下有何用？
此话污我耳朵根！"

《庄子》精读

尧①让天下于许由②,曰:"日月出矣,而爝火③不息,其于光也,不亦难乎!时雨④降矣,而犹浸灌,其于泽也,不亦劳乎!夫子⑤立而天下治,而我犹尸⑥之,吾自视缺然⑦,请致⑧天下。"

许由曰:"子治天下,天下既已治也,而我犹代子,吾将为名乎?名者,实之宾⑨也,吾将为宾乎?鹪鹩⑩巢于深林,不过一枝;偃鼠⑪饮河,不过满腹。归休乎君!予无所用天下为。庖人⑫虽不治庖,尸祝⑬不越樽⑭俎⑮而代之矣。"

——《庄子·逍遥游》

【解读】

许由是古时著名的隐士,非常贤德,相传尧曾想禅位给他,而许由坚决推辞,并认为尧的话是侮辱了他的耳朵,因而到颍水边洗耳以表明自己的态度。庄子在这里讲许由的故事是为了表达对名利的轻视。

【注释】

① 尧:上古时代的圣明君王。
② 许由:字仲武,传说中的隐士,隐于箕山。相传尧要把天下让给他,他自命高洁而不受。
③ 爝(jué)火:火炬。
④ 时雨:按时令及时降下的雨。

⑤ 夫子：古代对男子的尊称，这里指许由。

⑥ 尸：主、主持。

⑦ 缺然：欠缺的样子。

⑧ 致：与，交给。

⑨ 宾：宾从，次要的位置。

⑩ 鹪鹩（jiāo liáo）：小鸟名。

⑪ 偃（yǎn）鼠：即鼹鼠，好饮河水。

⑫ 庖（páo）人：厨师。

⑬ 尸祝：主持祭祀的人。

⑭ 樽：古代的酒器。

⑮ 俎（zǔ）：古代祭祀时盛放肉的器具。

宋人适越

宋国小伙他姓姜,
黑眉乌嘴歪鼻梁。
见人贩货挣银钱,
馋涎欲滴心发痒。

商海凶险多风浪,
如何出手才妥当?
小姜夜里睡不着,
辗转反侧细思量。

一日路过菜市场,
遇见小贩一大帮。
七嘴八舌正议论,
越国发财如探囊:

"泱泱越国在南方，
地大人多有银两。
随便卖啥都畅销，
供不应求全卖光！"

小姜听罢喜洋洋，
茅塞顿开精神爽。
东借西凑当本钱，
购进礼帽十大箱。

千里迢迢迎风霜，
来到越国百花香。
礼帽上市三个月，
无人问津太失望。

越人习惯光臂膀，
断发文身性粗犷。
小姜到这卖礼帽，
你说荒唐不荒唐？

《庄子》精读

宋人资①章甫②而适③诸越④,越人断发⑤文身⑥,无所用之。

——《庄子·逍遥游》

【解读】

这则简短的寓言说明了这样一个道理:我们无论做什么事情,都要进行一定的调查研究,认真分析客观条件,不能盲目行事。

【注释】

① 资:货,贩卖。

② 章甫:帽子。

③ 适:去。

④ 诸越:也作"於越",越人的自称。

⑤ 断发:不蓄头发。

⑥ 文身:在身上刺花纹。

第一章 内篇

大葫芦

宋国书生叫惠施,
远近闻名大辩士。
口若悬河三千丈,
学富五车名副实。

草木摇落正清秋,
惠施心中多烦忧。
走出家门散散心,
拜访庄周老朋友。

"去年讲学到大梁,
有幸面见魏惠王。
送我一枚金种子,
可结葫芦大又长。

我将种子后院埋,
浇水施肥不懈怠。
春去秋来半年多,
果实终于结出来。

长成葫芦重五石,
两个肚子大又圆。
容量能盛两缸水,
可惜水重皮不坚!

有心将它剖成瓢，
瓢大无用也心焦。
左思右想没办法，
只好打碎野外抛！"

庄周闻言笑嘻嘻，
直言相告不客气：
"你心有蓬草不开窍，
不会使用大东西！

何不用它做腰舟，
江河湖海去漂流？
乘风破浪天水间，
游目骋怀逍遥游！"

《庄子》精读

惠子①谓庄子曰:"魏王②贻我大瓠③之种,我树之成而实五石。以盛水浆,其坚不能自举也;剖之以为瓢,则瓠落④无所容。非不呺然⑤大也,吾为其无用而掊⑥之。"

庄子曰:"夫子固拙于用大矣……今子有五石之瓠,何不虑以为大樽⑦而浮乎江湖,而忧其瓠落无所容?则夫子犹有蓬之心⑧也夫!"

——《庄子·逍遥游》

【解读】

我们对新事物价值的认识,要敢于跳出传统思维的樊篱,要对其进行全面地开发,创新性地利用。"大葫芦"是如此,其他事物也是如此。

【注释】

① 惠子:惠施,宋人,曾为梁惠王的相,是先秦名家的重要人物。本书中多次记述他与庄子的交谊与辩论。
② 魏王:魏惠王,因迁都大梁,又称梁惠王。战国时期魏国的国君。
③ 大瓠(hù):大葫芦。
④ 瓠落:犹"廓落",形容极大。
⑤ 呺(xiāo)然:虚大的样子。
⑥ 掊(pǒu):打碎。
⑦ 樽:一种形如酒器,可以缚在腰上,浮水渡河的东西。
⑧ 蓬之心:比喻心如茅草那样堵塞不通。

不龟手之药

宋国有人他姓郝,
家传秘方制良药。
冬天涂上手不皲,
滴水成冰冻不着。

祖祖辈辈住城郊,
河边洗丝水中泡。
寒冬腊月药涂手,
勉强糊口很辛劳。

老乔听闻眉眼笑,
主动上门找老郝。
掏出百金买药方,
如获至宝乐陶陶。

揣着药方上大道，
跋山涉水路遥遥。
来到吴国见吴君，
建言献策亮绝招。

吴王听罢意气骄，
出兵伐越披战袍。
任命老乔当将军，
士兵全涂不皲药。

北风呼啸雪花飘，
越军手冻难举刀。
大获全胜吴王喜，
裂土封侯谢老乔。

同样秘方同样药，
能封侯，能温饱。
用法不同差别大，
物尽其用才最妙！

《庄子》精读

庄子曰："夫子固拙于用大矣。宋人有善为不龟①手之药者,世世以洴澼②絖③为事。客闻之,请买其方以百金。聚族而谋曰:'我世世为洴澼絖,不过数金。今一朝而鬻技百金,请与之。'客得之,以说④吴王。越有难⑤,吴王使之将。冬,与越人水战,大败越人,裂地而封之。能不龟手一也,或以封,或不免于洴澼絖,则所用之异也。"

——《庄子·逍遥游》

【解读】

同样一个药方,有人用它只能维持温饱,而有人用它可以建功立业,原因在于药方所用的地方不同。这个故事告诉我们:要把资源用在最合适的地方,这样才能发挥其最大的作用。

【注释】

① 龟(jūn):通"皲",皮肤因寒冻或干燥而破裂。

② 洴澼(píng pì):漂洗。

③ 絖(kuàng),通"纩",棉絮。

④ 说(shuì):游说。

⑤ 越有难:越国发难,攻打吴国。难,难事,指军事行动。

朝三暮四

宋国老汉叫狙公,
年过半百白头翁。
养了一群小猴子,
四处卖艺把钱挣。

小猴子,大明星,
多才多艺演技精。
各就各位站台上,
一个萝卜一个坑。

敲锣打鼓翻跟头,
挤鼻子呀弄眼睛。
逗得观众哈哈笑,
大把赏钱抛半空。

第一章 ⊙ 内篇

老狙公,很公平,
食物均分受欢迎。
猴子食物橡子果,
每天十颗分手中。

时光荏苒如飞梭,
转眼之间入了冬。
大雪封路难演出,
坐吃山空囊中轻。

屋漏偏逢连夜雨,
船破又遇打头风。
狙公得病要治疗,
花钱买药看医生。

狙公找来小猴子,
和颜悦色很真诚。
一五一十说情况,
协商分餐新章程:

"家中存款不够用,
橡果必须减三成。
早晨三颗晚四颗,
大伙看看行不行?"

猴子一听炸了锅，
龇牙咧嘴很冲动。
又蹦又跳发脾气，
暴跳如雷不答应。

老狙公，很聪明，
和蔼可亲眯眼睛：
"早晨四颗晚三颗，
大伙说说行不行？"

小猴子，很高兴，
连连点头都说行。
朝三暮四作比喻，
使用骗术将人蒙。
后来寓意有延伸，
反复无常心不定。

《庄子》精读

狙公①赋芧②，曰："朝三而暮四。"众狙皆怒。曰："然则朝四而暮三。"众狙皆悦。

——《庄子·齐物论》

【解读】

这则寓言告诉人们：要善于透过现象看清本质。我们看问题不要只停留在事物的表面，应该看到其本质。

【注释】

① 狙（jū）公：养猴的老人。狙，猴子。
② 芧（xù）：橡树的果实，即橡子。

丽姬泣海

艾地姑娘叫丽姬,
年方二八真秀丽。
花貌雪肤柳如眉,
淡妆浓抹总相宜。

大雁见她落平沙,
鱼儿见她沉水底。
沉鱼落雁是为何?
丽姬美貌没法比!

晋献公,有实力,
兴师动众到艾地。
强娶丽姬当王妃,
千里迎亲展彩旗。

丽姬满心不愿意,
号啕大哭泪沾衣。
迫不得已上花轿,
肝肠寸断心悲戚。

晋献公,好容仪,
龙眉凤目很帅气。
拉着丽姬进后宫,
锦衣玉食世上稀。

日久生情情渐积,
琴瑟和谐甜如蜜。
遥想故乡常后悔,
出嫁何必要哭泣?

丽姬悔泣作比喻,
大事临头何足惧?
得不张狂失不悲,
福祸相对又相依!

《庄子》精读

　　丽之姬，艾封人①之子也。晋国之始得之也，涕泣沾襟。及其至于王所，与王同筐床，食刍豢②，而后悔其泣也。

　　　　　　　　　　　　　　——《庄子·齐物论》

【解读】

　　丽姬长相非常漂亮，因被晋献公选入为姬，所以叫作"丽姬"。晋献公刚得到她时，她痛哭流涕，以为遭了大难。后来进入王宫，与王同床睡觉，吃美味佳肴，这时候她又后悔当年的哭泣。这个寓言说明：人遇到祸事时，先别忙着沮丧，有时候祸事反而是一个难得的机遇。

【注释】

① 艾封人：艾地守边疆的人。封，边界，边疆。
② 刍豢：指幼畜。

罔两问景

一棵大树高三丈,
枝繁叶茂迎日光。
树影婆娑洒在地,
影外微阴叫罔两。

罔两树影两相依,
朝夕相处不分离。
日久天长罔两烦,
它对树影瞧不起:

"你一会站,一会走,
依附大树没操守。
独立人格全丧失,
亦步亦趋羞不羞?"

听到责问起彷徨，
树影开口诉衷肠：
"身不由己不得已，
有所依赖才这样！

夏蝉奋飞靠双翅，
长蛇爬行靠鳞皮。
我靠大树才能动，
其中缘故我不知！"

罔两问影原本意，
树影移动靠树体。
现在说人无节操，
趋炎附势没骨气！

《庄子》精读

罔两①问景②曰:"曩③子行,今子止;曩子坐,今子起。何其无特④操与?"

景曰:"吾有待⑤而然者邪?吾所待又有待而然者邪?吾待蛇蚹蜩翼⑥邪?恶识所以然?恶识所以不然?"

——《庄子·齐物论》

【解读】

庄子认为,世俗的任何事物,都是有所待而后才能有所作为的,并不是绝对自由的。罔两要待影子移动才能移动;而影子也不是自由的,要待与之相应的那个物体移动,它才能移动;而那个物体,也要人去搬动它才能移动。如此这般,没有什么东西可以"无所待"而进入到绝对自由的境界。

【注释】

① 罔两:亦作"魍魉",影外之微阴。
② 景:同"影",影子。
③ 曩(nǎng):从前。
④ 特:独立。
⑤ 待:依靠,凭借。
⑥ 蛇蚹蜩翼:蛇凭借腹部之下的鳞片而行,蝉则凭借翅膀而飞行。它们要行动,都必有所凭借。蜩,蝉。

庄周梦蝶

青年书生叫庄周，
朗目俊眉身清瘦。
家境贫寒编草鞋，
清心寡欲乐悠悠。

明月皎皎星光闪，
庄周上床正入眠。
梦中变成大蝴蝶，
鼓动双翅舞翩翩。

逍遥自在款款飞，
穿梭花丛心欲醉。
不知自己在梦中，
飞来飞去不觉累。

旭日东升光艳艳，
一只蝴蝶落窗前。
庄周醒来眼蒙眬，
看到蝴蝶心茫然。

刚才蝴蝶梦中游，
现在朝我直点头。
是我庄周梦蝴蝶？
还是蝴蝶梦庄周？

书生庄周和蝴蝶，
泾渭分明你和我。
梦中两者成水乳，
浑然一体相融合。

庄周梦蝶是寓言，
人生如梦多变幻。
梦幻现实要分清，
看透真伪方心安。

《庄子》精读

昔者庄周梦为胡蝶，栩栩然①胡蝶也。自喻②适志③与④，不知周也。俄然⑤觉，则蘧蘧然⑥周也。不知周之梦为胡蝶与？胡蝶之梦为周与？周与胡蝶则必有分矣。此之谓物化⑦。

——《庄子·齐物论》

【解读】

这个故事表现了一种关于现实与梦境的哲学思考，是庄子哲学思想的深刻体现。人生有时就好比一场梦，有些人能清楚地辨别现实与虚幻，而有些人整天都在做梦，就想着梦想成真。因此，要辩证地看待现实与梦境，坚定自己对美好人生的追求和向往。

【注释】

① 栩栩然：轻盈畅快的样子。

② 喻：感觉，知晓。

③ 适志：很得意，很惬意。

④ 与：通"欤"。

⑤ 俄然：突然。

⑥ 蘧蘧（qú）然：僵直的样子。

⑦ 物化：万物浑然同化，物我及人我达到无差别境界。

庖丁解牛

有个厨师他叫丁,
身强力壮眼似星。
挥刀宰牛水平高,
有口皆碑享盛名。

老丁应邀到魏国,
专为惠王演绝活。
一头巨牛高八尺,
青面獠牙似牛魔。

上前绕牛细探看,
一跃而上寒光闪。
手肩足膝齐用力,
刀入牛身皮肉穿。

刀似弦，牛似琴，
上下翻飞响清音。
抑扬顿挫如名曲，
先奏《经首》后《桑林》。

骨肉分离剥皮毛，
惠王击掌直喊妙：
"你杀巨牛快又好，
如何练成这绝招？"

老丁低头深鞠躬，
一五一十细回禀：
"小人生来有爱好，
琢磨事物规律性。

学杀牛，先看牛，
我目无全牛数年后。
筋骨间隙看得清，
心领神会闭双眸！

刀刃薄，间隙大，
游刃有余把牛杀。
遇到筋骨快绕开，
骨肉分离哗啦啦！"

庖丁解牛作比喻，
世间万物有规律。
勇于探索勤实践，
熟能生巧解难题。

《庄子》精读

庖丁释刀对曰:"……依乎天理①,批大郤②,导大窾③,因其固然④。枝经肯綮⑤之未尝,而况大軱⑥乎!良庖岁更刀,割也;族庖⑦月更刀,折也。今臣之刀十九年矣,所解数千牛矣,而刀刃若新发于硎⑧。彼节者有间而刀刃者无厚⑨,以无厚入有间,恢恢乎其于游刃必有余地矣。"

——《庄子·养生主》

【解读】

一切看似复杂的事物都有其内在的规律,我们只要加以研究,掌握其规律,再难的事都能迎刃而解。当然,掌握规律需要一个过程,就如庖丁,他能达到这般高超的水平也是经过了长时间的练习和摸索。常言道"熟能生巧",说的就是这个道理。

【注释】

① 天理:天然的纹理或结构。

② 批大郤(xì):击筋骨间的空隙处。

③ 导大窾(kuǎn):引刀进入筋骨间的空处。

④ 因其固然:顺着牛的自然结构。

⑤ 枝经肯綮(qìng):泛指经脉之类盘结之处。

⑥ 大軱(gū):大骨头。

⑦ 族庖:一般的厨师。

⑧ 新发于硎(xíng):新磨成的。硎,磨刀石。

⑨ 无厚:没有厚度,指刀刃薄且锋利。

大野鸡

大野鸡,尾巴长,
五色羽毛眼睛亮。
天天漫步在沼泽,
啄虫喝水踏风霜。

一天飞到树枝上,
百啭千声引颈唱。
自由自在度日月,
不知大祸在身旁。

一张大网从天降,
罩住野鸡换银两。
老王赶集买回家,
如获至宝笼中养。

一日三餐有保障，
风吹雨打不慌张。
蹲在笼中望天空，
愁眉苦脸思家乡。

一日老王送食粮，
忘关笼门门开敞。
野鸡悄悄溜出来，
展翅高飞心欢畅。

越围墙，飞山冈，
天高云淡精神爽。
自己吃食自己找，
吞进嘴里分外香！

《庄子》精读

泽雉①十步一啄,百步一饮,不蕲②畜乎③樊④中。神虽王⑤,不善⑥也。

——《庄子·养生主》

【解读】

自由对于人至关重要,所以古代很多人宁愿隐居江湖也不愿为功名所累,受到束缚。如同关在笼中的鸟,虽然不愁吃喝,但它的生活也实在是了无生趣。人的本性都是崇尚自由的,千万不能被俗事牵绊。

【注释】

① 泽雉(zhì):生活在沼泽中的野鸡。
② 蕲(qí):祈求,希望。
③ 畜乎:像畜生一样。
④ 樊:笼子。
⑤ 王:通"旺",旺盛。
⑥ 不善:不好,不自在。

螳臂当车

大螳螂，眼睛亮，
身披一件绿大氅。
前臂就像大钳子，
坚硬如铁不寻常。

螳螂从小就学武，
功夫练到半年上。
两只胳膊很有力，
所向披靡美名扬。

武艺学成回家乡，
威风凛凛把头昂。
踌躇满志很自负，
不可一世想称王。

螳螂家,在山梁,
山清水秀百花香。
一条大路山中过,
弯弯曲曲长又长。

螳螂来到大路口,
发现同类一大帮。
探头探脑过马路,
犹犹豫豫正彷徨。

大螳螂,问同乡:
"过个马路发啥慌?"
一群螳螂抬起头,
异口同声齐嚷嚷:

"这条大路马车多,
车轮滚滚尘飞扬。
如果我们不小心,
粉身碎骨遭祸殃!"

大螳螂,暗思量,
如意算盘打得响:
"扬名立万在眼前,
好钢用在刀刃上!"

想到这里举双臂,
一拍胸脯响当当。
不顾一切向前冲,
口出狂言慨而慷:

"兄弟们,尽管过,
马车冲来我抵挡。
我的胳膊力千钧,
你们安全有保障!"

四轮车,马脱缰,
风驰电掣直摇晃。
大螳螂,挺双臂,
血肉横飞见阎王。

《庄子》精读

汝不知夫①螳螂乎？怒其臂以当②车辙，不知其不胜任也。

——《庄子·人间世》

【解读】

螳螂伸出胳膊想挡住行进中的车轮，但这是根本不可能完成的任务。这个典故比喻做力不可及的事情，必然失败。

【注释】

① 夫：指示代词，那，那种。
② 当：阻挡。

无用之用

有个木匠他姓石，
饱经风霜面色赤。
身怀绝技砍木头，
鬼斧神工天下知。

齐王命他修王宫，
急需良木一大宗。
老石亲自选木料，
马不停蹄疾如风。

一路飞奔到曲辕，
立马山前抬望眼。
一株栎树高八丈，
荫遮千牛占半山。

众弟子，冲树前，
连声叫好齐称赞。
老石扭头催骏马，
不屑一顾往回转。

弟子连忙追师傅，
大惑不解问缘故：
"如此大树正适用，
为何急于登归途？"

这老石，瞪双目，
面带不悦气鼓鼓：
"这栎树，是废材，
木质疏松无用处！"

第一章 ☉ 内篇

夜幕降临星眨眼,
老石归来就睡眠。
酣然入梦打呼噜,
梦见栎树立床前:

"你白天笑我木质松,
一无是处不可用!
现在我要告诉你,
我靠无用保性命!

花因色艳遭蝶戏,
鸟为声巧进樊笼。
我靠无用活千年,
此为大用无人懂!"

《庄子》精读

匠石之齐①，至于曲辕②，见栎社树③。其大蔽数千牛，絜④之百围⑤，其高临山⑥十仞而后有枝，其可以为舟者旁⑦十数。观者如市，匠伯⑧不顾，遂行不辍。

弟子厌观⑨之，走及匠石，曰："自吾执斧斤以随夫子，未尝见材如此其美也。先生不肯视，行不辍，何邪？"

曰："已矣，勿言之矣！散木⑩也。以为舟则沉，以为棺椁则速腐，以为器则速毁，以为门户则液樠⑪，以为柱则蠹，是不材之木也。无所可用，故能若是之寿。"

匠石归，栎社见梦⑫曰："女将恶乎比予哉？若将比予于文木邪？夫柤⑬梨橘柚果蓏⑭之属，实熟则剥，剥则辱。大枝折，小枝泄⑮。此以其能苦其生者也。故不终其天年而中道夭，自掊击于世俗也。物莫不若是。且予求无所可用久矣！几死，乃今得之，为予大用。使予也而有用，且得有此大也邪？且也，若与予也皆物也，奈何哉其相⑯物也？而几死之散人，又恶知散木！"

——《庄子·人间世》

【解读】

这则寓言以栎树作为比喻，说明栎树正是因为木质无用而得以长期存活，从而揭示了在诸侯争霸的乱世，人要想避免灾祸就要摒弃名利之心，以不才为大才，以无用为大用，使心灵达到无欲无求的境界。这种思维方式，正是庄子经典的哲学思想之一。

【注释】

① 匠石：一个名叫石的木匠。

② 曲辕：虚拟的地名。

③ 栎（lì）社树：把栎树当作社神。

④ 絜（xié）：用绳子度量粗细。

⑤ 围：两手合抱。

⑥ 临山：高出山头。从上往下看称"临"。

⑦ 旁：旁枝。

⑧ 匠伯：工匠之长。这里指匠石。

⑨ 厌观：饱看，看个够。

⑩ 散木：无用之木。

⑪ 液樠（mán）：脂液渗出。

⑫ 见梦：托梦。

⑬ 柤（zhā）：山楂。

⑭ 果蓏（luǒ）：树木所结的果实叫果，瓜类等地上蔓生植物的果实叫蓏。

⑮ 泄：通"抴"，牵扯。

⑯ 相：视。

相濡以沫

赤日炎炎杨柳坡,
天干物燥卷残荷。
一汪泉水已见底,
两条鲤鱼泥中裹。

弓着背,伸着脖,
望眼欲穿看云朵。
只盼老天快下雨,
普降甘露解焦渴!

白云飘,日灼灼,
泥巴渐硬泉干涸。
两条鱼儿嘴对嘴,
大口呼吸吐泡沫。

第一章 ⊙ 内篇

我润你，你润我，
彼此相助不停歇。
苟延残喘在绝境，
患难之交真情多。

乌云翻滚凉风过，
电闪雷鸣雨滂沱。
鲤鱼翻身水中游，
摇头摆尾真快乐。

暴雨如注半个月，
山洪滚滚入湖泊。
两条鱼儿被冲散，
相忘江湖千顷波。

相濡以沫作比喻，
处境艰难力微薄。
互相帮助过难关，
同舟共济手相携。

《庄子》精读

泉涸,鱼相与处于陆,相呴①以湿,相濡②以沫,不如相忘于江湖。

——《庄子·大宗师》

【解读】

这则寓言形象地说明了在动乱的时代里,人与人之间的关系常能亲密无间,彼此"相濡以沫"。但是同文中的鱼一样,在泉水干涸后还是一起陷入绝境,所以"不如相忘于江湖"。庄子在这里想要表达的是一种看淡生死的洒脱。

【注释】

① 呴(xǔ):吐气,呼吸。
② 濡(rú):湿润。

第二章

外篇

臧榖亡羊

有个农民本姓项,
两个儿子一对双。
大儿名字叫小榖,
二儿名字叫小臧。

小臧小榖长得壮,
虎头虎脑眼睛亮。
天真烂漫真可爱,
勤奋好学书满床。

春天到,百花香,
兄弟二人去放羊。
兴致勃勃出家门,
羊鞭一甩震天响。

羊儿吃草在山冈,
山下农田翻麦浪。
小臧小穀心里美,
闲来无事各自忙。

黄昏近,天转凉,
夕阳西下到山梁。
兄弟圈羊把家还,
发现各少两只羊。

兄弟俩，心发慌，
战战兢兢立厅堂。
面面相觑心打鼓，
不敢抬头看爹娘。

老项端坐黑着脸，
对着小榖大声嚷：
"放羊时候你干啥，
为何提前不预防？"

小榖低头忙分辩，
强词夺理开了腔：
"我跟伙伴去玩耍，
羊群托付给小臧！"

老项转身扭过头,
疾言厉色问小臧:
"放羊时候你干啥,
为何丢失四只羊?"

小臧泪花在眼眶,
据实相告很凄惶:
"放羊时候我看书,
夹着鞭子地上躺。"

老项听罢气昂昂,
怒火中烧脸发黄:
"玩忽职守是大错,
无论如何难原谅!

读书玩耍虽不同,
造成后果一个样。
闯了祸,要认错,
寻找借口不应当!"

《庄子》精读

臧①与谷②,二人相与牧羊,而俱亡③其羊。

问臧奚事④,则挟策⑤读书;问谷奚事,则博塞⑥以游。

二人者,事业不同,其于亡羊均⑦也。

——《庄子·骈拇》

【解读】

臧喜欢读书,谷爱好游戏,这样看来,似乎臧更值得理解,但因为他们都没有做好自己的本职工作,所以丢失了羊。这则寓言告诉人们做任何事都必须专心,如果心不在焉,就会发生事故。

【注释】

① 臧(zāng):男奴隶。

② 谷:小孩。

③ 亡:丢失。

④ 奚事:什么事,干什么去了。

⑤ 策:鞭子。

⑥ 博塞:古代一种赌博游戏,如掷骰子之类。

⑦ 均:一样。

车轮匠的道理

齐桓公，立高堂，
声情并茂读书忙。
心领神会直点头，
若有所得喜洋洋。

车轮匠，在堂下，
年逾古稀须眉花。
叮叮当当砍木头，
斧子凿子手中拿。

忽闻堂上声暂停，
走上前去问桓公：
"敢问国君读何书？
此书读来有何用？"

桓公放书展双目，
随意应答脱口出：
"此书本是圣人言，
帮我治国走正途！"

车轮匠，仰起脸，
连连摇头开口言：
"圣人之书是糟粕，
精华随人已升天！"

桓公听罢怒气生，
咬牙竖眉瞪眼睛：
"你信口开河何居心？
若不实说要你命！"

车轮匠，吓一跳，
诚惶诚恐忙跪倒。
自知失言心头惊，
面如土色来禀告：

"敝人从小做车轮，
成败关键在制榫。
太宽太窄都不行，
全凭感觉手从心。

我将此技教儿子，
连教百次无收益。
治国如同做车轮，
不必尽信古文辞！"

车轮匠，太偏颇，
认定经典是糟粕。
只重实践不读书，
到老只会造木车！

《庄子》精读

桓公①读书于堂上，轮扁②斫轮③于堂下。释椎凿④而上，问桓公曰："敢问，公之所读者，何言邪？"

公曰："圣人之言也。"

曰："圣人在乎？"

公曰："已死矣。"

曰："然则君之所读者，古人之糟魄⑤已夫！"

桓公曰："寡人读书，轮人安得议乎！有说则可，无说则死！"

轮扁曰："臣也以臣之事观之。斫轮，徐⑥则甘⑦而不固，疾⑧则苦⑨而不入。不徐不疾，得之于手而应于心。口不能言，有数⑩存焉乎其间。臣不能以喻⑪臣之子，臣之子亦不能受之于臣，是以行年七十而老斫轮。古之人与其不可传也死矣，然则君之所读者，古人之糟魄已夫！"

——《庄子·天道》

【解读】

庄子这里讽刺的是那些只注重书本、局限于书本的人。他认为古人经典都是糟粕，真正有用的经验知识只能来源于实践，而这种经验知识又是难以传授的。这种看法有一定的道理，但过于绝对。古人的一些经典对于现代人是很有借鉴价值的，我们应当认真学习。

【注释】

① 桓公：齐桓公，名小白。

② 轮扁：制作车轮的人。

③ 斫（zhuó）轮：砍削木头，制作车轮。

④ 椎凿：木工使用的锥子、凿子。

⑤ 糟魄：糟粕，渣滓。

⑥ 徐：缓。

⑦ 甘：滑。

⑧ 疾：急。

⑨ 苦：涩。

⑩ 数：术数，技术，窍门。

⑪ 喻：晓谕，明确地告诉。

丑女效颦

春光明媚柳絮飞，
百花争艳斗芳菲。
苎萝山下出西施，
绝代佳人长得美。

樱桃嘴，柳叶眉，
双目顾盼生光辉。
天生丽质方二八，
娇艳欲滴羞花蕊。

牧童归来横牛背，
短笛无调信口吹。
一见西施走过来，
惊若天人忙闭嘴。

西施美艳名声大,
倾国倾城反受累。
四里八乡都来看,
争睹芳容将她围。

美中不足心绞痛,
时常发作真遭罪。
捂胸皱眉成习惯,
梨花带雨更娇媚。

东施姑娘住村北,
今年刚满十六岁。
奇丑无比长得怪,
突胸塌鼻罗圈腿。

贪吃贪睡长得肥,
活像一只胖狒狒。
人们见她绕道走,
每每东施很悲摧。

东施二八亦爱美,
相貌丑陋心欲碎。
人说西施很漂亮,
东施上门去偷窥。

西施姑娘正犯病,
手捂胸口紧皱眉。
东施一看心欢喜,
恍然大悟有体会:

"鸟靠翅膀兽靠腿,
西施漂亮靠皱眉。
这个事情很简单,
无师自通我也会。"

东施扭头回到家,
涂脂抹粉快准备。
收拾停当立村口,
捧着肚子皱着眉。

弯着腰,弓着背;
龇着牙,咧着嘴。
路人见她掉头跑,
以为白日撞女鬼。

《庄子》精读

西施①病心而矉②其里③,其里之丑人见而美之④,归亦捧心而矉其里。其里之富人见之,坚闭门而不出;贫人见之,挈⑤妻子而去之走。

——《庄子·天运》

【解读】

西施天生丽质,即使是皱眉也很美;丑女本来就丑,皱眉则是丑上加丑。再者,西施因为生病,她皱眉是自然的,可那丑女无病装病,刻意为之,自然是丑得吓人。这则寓言是说,我们如果不顾自身条件,盲目地模仿别人,那么不仅不会有大成就,甚至有可能闹笑话。学习要从本质入手,不可只看表象。

【注释】

① 西施:春秋时期越国美女。
② 矉(pín):通"颦",皱眉头。
③ 其里:邻里。
④ 美之:认为很美。
⑤ 挈(qiè):携带。

望洋兴叹

黄河九曲千里波,
鱼鳖虾蟹水族多。
波涛滚滚东流去,
浩浩荡荡大泽国。

黄河之神叫河伯,
掌管水族千万个。
早起晚睡很忙碌,
从来没有离开过。

秋风起,雨滂沱,
涓涓细流汇黄河。
河水暴涨漫山谷,
汹涌澎湃水面阔。

老河伯,河边坐,
沾沾自喜唱高歌:
"万里黄河谁可比?
江河湖海难超越!"

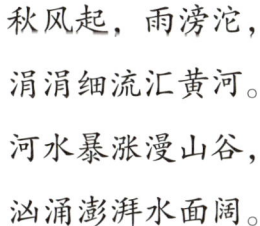

河面浮出一老鳖,
瓮声瓮气伸长脖:
"黄河东面是北海,
比咱这里大得多!"

河伯听罢不相信,
手指老鳖就斥责:
"你老眼昏花知道啥?
张着嘴巴胡咧咧!"

话不投机半句多，
老鳖转身沉下河。
河伯决定去北海，
实地考察解疑惑。

河伯纵身驾祥云，
直飞北海不停歇。
来到海边抬眼望，
大吃一惊脸色变。

天海一体遥相接，
浩瀚无垠水澄澈。
黄河日日都流入，
北海之水不见多！

河伯仰天发长叹,
自愧不如脸发热:
"北海水体实在大,
我的黄河差远了!"

望洋兴叹是寓言,
伟大事物在眼前。
相比自己太渺小,
无论如何难比肩!

《庄子》精读

秋水时至,百川灌河。泾流①之大,两涘②渚③崖④之间,不辩牛马⑤。于是焉河伯⑥欣然自喜,以天下之美尽在己。顺流而东行,至于北海,东面而视,不见水端。于是焉河伯始旋⑦其面目,望洋向若⑧而叹……

——《庄子·秋水》

【解读】

河伯浅陋无知,自满自足。当他见到北海之大时,河伯才知道自己是多么渺小无知。现实生活中有许多人也是如此,取得小小的成绩就心高气傲,自以为了不起。我们做事,要保持谦虚向上的心态,即使取得成绩也不要扬扬自得。

【注释】

① 泾流:直涌的水流。

② 两涘(sì):两岸。

③ 渚:水中的小沙洲。

④ 崖:边。

⑤ 不辩牛马:形容河面宽大,看不清两岸的景物。辩,通"辨"。

⑥ 河伯:黄河之神。

⑦ 旋:改变。

⑧ 若:海神名。

井底之蛙

东海边,小山坳,
赤日炎炎草木凋。
一口枯井深八尺,
废弃已久掩蓬蒿。

小青蛙,肿眼泡,
头大腿细穿绿袄。
从小就在井里住,
无忧无虑没烦恼。

枯井里,空间小,
阴暗潮湿如监牢。
三五碎石一泡水,
空气浑浊臭气飘。

小青蛙,把头翘,
弯着背,伸懒腰。
蹲在一块石头上,
对着井口呱呱叫:

"天空只有锅盖大,
时明时暗有光照。
外面世界太狭窄,
我的井底很广袤!

有假山,有泥潭,
一潭井水能没腰。
我的地盘听我的,
随心所欲乐逍遥。"

井台边，海龟到，
步履蹒跚披黑袍。
听到蛙声低头看，
打声招呼问声好：

"远方朋友快请进，
快到我家歇歇脚。
我的井底很宽敞，
环境优美景色好。

如果你的肚子饿，
苍蝇蚊子能管饱。
饭后请你泡温泉，
顺便为你搓个澡。"

海龟一听动了心，
头伸井里仔细瞧。
臭气阵阵扑鼻来，
杂草丛生难落脚。

万般无奈回井台,
瓮声瓮气发牢骚:
"你的地盘不咋样,
臭气熏天环境孬。

我从东海走过来,
碧波万顷涌大潮!
天高云淡鸟翱翔,
海阔天空景色好。"

青蛙听罢吃一惊,
面红耳赤很羞臊。
扑通一声跳水潭,
躲到水底吐气泡。

《庄子》精读

（坎井①之鼃②）谓东海之鳖曰："吾乐与！出跳梁③乎井干④之上，入休乎缺甃之崖⑤。赴水则接⑥腋⑦持颐，蹶⑧泥则没足灭跗⑨。还⑩虷⑪蟹、与科斗⑫，莫吾能若也。且夫擅⑬一壑⑭之水，而跨跱⑮坎井之乐，此亦至矣。夫子奚不时来入观乎？"

——《庄子·秋水》

【解读】

井底之蛙的生活圈子非常狭窄，导致它的眼界受到很大限制。所以，来自海洋的大鳖将大海的宽广博大告诉了它。其实，现实生活中有很多人也是如此，因为没见过外面的世界，所以认为自己生活的地方最好，这往往只能使自己更加孤陋寡闻。所以，我们应该从此则寓言中吸取教训，增长见识，认识到自己的局限，承认自己的渺小，避免如井底之蛙一样浅薄无知。

【注释】

① 坎井：浅井，坏井。坎，洼坑。
② 鼃（wā）：同"蛙"。本文节选自坎井之鼃与东海之鳖的对话。
③ 跳梁：跳踉，腾跃跳动。
④ 井干：井栏。
⑤ 缺甃（zhòu）之崖：残破的井壁。

⑥ 接：承托。

⑦ 腋：腋窝。

⑧ 蹶（jué）：踏。

⑨ 灭跗（fū）：盖没脚背。

⑩ 还：回顾。

⑪ 虷（hán）：井中红色的虫子，蚊子的幼虫。

⑫ 科斗：蝌蚪。

⑬ 擅：独占。

⑭ 壑（hè）：坑。

⑮ 跨跱（zhì）：盘踞。

邯郸学步

燕国寿陵一少年，
年方二十他姓安。
五官端正很俊俏，
家庭富裕不缺钱。

东家不知西家苦，
南家不知北家难。
小安万事都如意，
却有隐痛结心间。

天生是个罗圈腿，
不是残废是缺陷。
走起路来直摇晃，
左摇右摆不美观。

小安为此很苦恼，
不愿出门当"宅男"。
寝食难安长叹息，
忧心忡忡白发添。

一日正在家中坐，
忽听门外有人喊。
这人嗓门实在大，
响彻云霄声震天：

"瞧一瞧呀看一看，
赵国要办'培训班'！
专家教授来讲课，
专治瘸腿和罗圈！

办学地点在邯郸,
毕业文凭是大专。
额满为止快报名,
过了这村没这店!"

小安一听心里喜,
如拨云雾见青天。
机会难得快报名,
出国留学到邯郸。

邯郸城，柳含烟，
千年古都美名传。
男女老少步履稳，
举止潇洒真好看！

小安进了"培训班"，
刻苦学习不偷懒。
先摆手臂后抬腿，
跟着老师天天练。

赵国步法实在难，
生搬硬套学不全。
燕国步法全忘记，
走路摔跤难避免。

这小安，实在冤，
邯郸学步整三年。
揣着一张"毕业证"，
连滚带爬回家园。

《庄子》精读

公子①牟隐机②大息③,仰天而笑曰:"……且子④独不闻夫寿陵余子⑤之学行⑥于邯郸⑦与⑧?未得国能,又失其故行矣,直匍匐⑨而归耳。"

——《庄子·秋水》

【解读】

懂得学习他人的长处是一种可贵的品质,但学习应该讲究方法,根据自身的情况去学习才能真正有所收获。如果一味地生搬硬套,迷信他人,跟在别人后面走,那么不但学不到东西,还会迷失自我。就像文中的寿陵少年一样,本来自己会走路,可最后只能爬行了。

【注释】

① 公子:古时候诸侯的儿子。

② 隐机:依靠在几案上。

③ 大(tài)息:叹息。

④ 子:你。

⑤ 余子:年轻人。

⑥ 行:走路。

⑦ 邯郸(hán dān):战国时期赵国国都,今河北省邯郸市。

⑧ 与:语气词,相当于"吗"。

⑨ 匍匐(pú fú):身体贴着地面爬行的样子。

曳尾涂中

春意融融濮水畔,
花红柳绿飞新燕。
庄子树下正垂钓,
迎风端坐山水间。

忽听铜铃叮当响,
两匹骏马下山冈。
楚国使者凌风来,
抬出黄金一大箱:

"久闻先生旷世才,
气吞山河胸似海。
我王请您当相国,
军政大事您主宰!"

第二章 ⊙ 外篇

庄子持竿不回头,
置若罔闻水面瞅。
无动于衷大半天,
鱼儿上钩才开口:

"听说楚国有神龟,
死时已有三千岁。
楚王将它供庙堂,
万众膜拜享尊贵。

假如神龟能复活,
庙堂泥塘可选择。
它愿曳尾泥塘中,
还是庙堂享香火?"

楚国使者略思忖,
俯首回答很恭顺:
"天下谁人不怕死?
神龟定愿泥缠身!"

庄子仰头笑哈哈,
一语双关真旷达:
"烦请二位报楚王,
我愿泥中摇尾巴!"

《庄子》精读

庄子钓于濮水①。楚王②使大夫二人往先焉，曰："愿以境内累矣！"

庄子持竿不顾，曰："吾闻楚有神龟，死已三千岁矣。王巾③笥④而藏之庙堂之上。此龟者，宁其死为留骨而贵乎？宁其生而曳尾⑤于涂⑥中乎？"

二大夫曰："宁生而曳尾涂中。"

庄子曰："往矣！吾将曳尾于涂中。"

——《庄子·秋水》

【解读】

在庄子看来，包括人在内的万物，其天性和生命最为宝贵。基于此，最好的生存状态应当是顺从个体的天性和生命要求的。对乌龟来说，拖着尾巴生活在烂泥里符合它的天性和生命要求，是它最好的生存状态。如果是死后它的骨头被藏在庙堂之上，得到尊贵的待遇，那就糟糕了。连生命都没有了，这尊贵还有什么意义？身处烂泥中的生存状态在别人看来是很糟糕的，但是站在乌龟的角度看，则是最理想的生存状态。

【注释】

① 濮水：古水名，在今河南。

② 楚王：楚威王。

③ 巾：用巾来覆盖。

④ 笥（sì）：用方形竹箱装。

⑤ 曳尾：摇尾，爬行。

⑥ 涂：泥。

鹞得腐鼠

庄子挚友叫惠施,
满腹经纶凌云志。
应聘魏国当丞相,
飞黄腾达登高枝。

三年未见不相忘,
庄子专程去探访。
跋山涉水不怕远,
期待执手诉衷肠。

庄子才高名气大,
远赴魏国传天下。
有人悄悄找惠施,
摇唇鼓舌露白牙:

"庄子前来走得急，
双脚生风不沾地。
听说大王要召见，
任他为相替代你！"

惠施闻言很恐慌，
相位难保心惆怅。
下令全城搜庄子，
绝不让他见魏王。

连搜三天无踪影，
惠施坐卧心不宁。
深夜闻报庄子到，
翻身下床梦魂惊！

庄子凝视老朋友，
不紧不慢开笑口：
"南方有鸟名鹓雏，
羽毛华丽声啾啾。

它从南海向北飞，
只栖梧桐喝泉水。
中途饥饿寻嫩竹，
其他食物不甘味！

空中遇到猫头鹰，
嘴叼腐鼠眼圆睁。
怒目而视一声叫，
只怕鹓雏来相争！

我到魏国来看你，
不远千里为情谊。
你因相位搜捕我，
鸱得腐鼠太滑稽！"

《庄子》精读

惠子①相梁,庄子往见之。或谓惠子曰:"庄子来,欲代子相。"于是惠子恐,搜于国中②三日三夜。

庄子往见之,曰:"南方有鸟,其名为鹓鶵③,子知之乎?夫鹓鶵发于南海而飞于北海,非梧桐不止,非练实④不食,非醴泉⑤不饮。于是鸱⑥得腐鼠,鹓鶵过之,仰而视之曰:'吓⑦!'今子欲以子之梁国而吓我邪?"

——《庄子·秋水》

【解读】

在庄子眼中,魏国的相位就好比猫头鹰嘴中的腐鼠,庄子根本不屑一顾。而惠子就好比那猫头鹰,"以小人之心,度君子之腹"。这则寓言是对追求权势、利禄之徒的有力讽刺,同时庄子也借此巧妙地表明了自己的心志和追求。

【注释】

① 惠子:姓惠,名施。

② 国中:国都城中。

③ 鹓鶵(yuān chú):传说中与鸾凤同类的鸟。

④ 练实:竹子的果实。

⑤ 醴(lǐ)泉:甘甜的泉水。

⑥ 鸱(chī):猫头鹰。

⑦ 吓:怒声,指猫头鹰发出的恐吓声。

安知鱼乐

春光明媚濠水边,
庄子惠子手相挽。
登上桥头看水流,
一条大鱼跃清渊。

庄子观鱼露喜色,
心旷神怡笑呵呵:
"鱼儿出游多从容,
悠然自得真快乐!"

惠子听闻露笑齿,
不敢苟同有说辞:
"老兄是人不是鱼,
鱼的快乐何处知?"

庄子对他把头摇,
反唇相讥脸带笑:
"你是惠子不是我,
凭啥说我不知道?"

惠子双眼眨呀眨,
条分缕析来回答:
"我非你,是实情,
原本不知你想啥!

你非鱼，很肯定，
鱼的快乐你不懂！
你说你知鱼快乐，
不懂装懂是冒充！"

庄子皱眉收笑脸，
一本正经又开言：
"这件事情有点乱，
我们从头说一遍！

事情开头你问我，
从哪儿知道鱼快乐。
明知故问太可笑，
我知鱼乐濠水桥！"

濠梁之辩起纷争，
庄子洒脱有诗性。
移情鱼儿说感受，
惠子根本听不懂！

《庄子》精读

庄子与惠子游于濠梁①之上。庄子曰:"儵鱼②出游从容,是鱼之乐也。"

惠子曰:"子非鱼,安知鱼之乐?"

庄子曰:"子非我,安知我不知鱼之乐?"

惠子曰:"我非子,固不知子矣;子固非鱼也,子之不知鱼之乐,全矣!"

庄子曰:"请循③其本。子曰'汝安知鱼之乐'云者,既已知吾知之而问我。我知之濠上也。"

——《庄子·秋水》

【解读】

这就是著名的"濠梁之辩"。庄子说鱼快乐,是他的诗性思维所致。所谓诗性思维,也就是形象思维。他在观察鱼的活动时,把自己的感情迁移到了鱼身上,这就是文学艺术中常见的"移情"。惠子是纯粹的理性思维,也就是逻辑思维,以严谨的科学态度来分析庄子以诗性思维观察游鱼所得到的感觉,两者自然会产生矛盾。

【注释】

① 濠梁:濠水上的桥梁。濠(háo),濠水,在今安徽凤阳境内。
② 儵(tiáo)鱼:白条鱼。
③ 循:追溯。

鲁侯养鸟

阳春三月白云飘,
鲁侯游玩到城郊。
前呼后拥车辘辘,
一只鹦鹉怀中抱。

百花争艳花枝俏,
微风和煦春光好。
鲁侯下车舒筋骨,
登高望远抬头瞧。

远处飞来大海鸟,
长腿细脖白羽毛。
扇动双翅昂着头,
落在眼前柳树梢。

鲁侯一见把手招，
命令随从去捉鸟。
众人忙碌大半天，
生擒活捉传捷报。

鸟入牢笼很焦躁，
惊魂未定咯咯叫。
鲁侯得鸟心欢喜，
眉头舒展哈哈笑：

"这只鸟，是神鸟，
打着灯笼也难找。
上天赐我是祥瑞，
我要把它照顾好！"

说罢带鸟奔太庙，
大摆宴席乐陶陶。
杀猪宰羊奏音乐，
琼浆玉液度数高。

大海鸟，受不了，
头晕目眩心乱跳。
不吃不喝三天整，
一命呜呼"报了销"。

鲁侯养鸟瞎胡闹，
以人食物来喂鸟。
事与愿违乱弹琴，
好心却把事办糟。

《庄子》精读

昔者海鸟止于鲁郊，鲁侯御而觞①之于庙，奏《九韶》②以为乐，具太牢③以为膳。鸟乃眩视④忧悲，不敢食一脔⑤，不敢饮一杯，三日而死。此以己养养鸟也，非以鸟养养鸟也。

——《庄子·至乐》

【解读】

这则寓言讽刺了不以正确的方式养鸟，而用供养自己的方法养鸟的鲁国国君。它向人们揭示了这样的道理：好的愿望必须符合实际，如果违背客观实际，那好事便会变成坏事。

【注释】

① 御而觞：御，迎；觞（shāng），本指酒杯，这里用作动词，谓以酒招待。
② 《九韶》：传说帝舜时的乐曲名。
③ 太牢：古代祭祀时，牛、羊、猪三牲合称"太牢"。
④ 眩视：眼花缭乱。
⑤ 脔（luán）：切成小块的肉。

丈人承蜩

孔子师徒楚国游,
途经树林遇老叟。
鬓发须眉皆似雪,
天生残疾背佝偻。

高举竹竿黏知了,
手到擒来很灵巧。
轻而易举如探囊,
收获知了满背包。

孔子一见心惊异,
走上前去施个礼:
"您黏知了真神奇,
如何练成这绝技?"

老叟闻言收竹竿，
一五一十说经验：
"此事看来很容易，
想要做好也很难！

我练此技三十载，
高举竹竿不摇摆。
全神贯注手臂稳，
腿如木桩树边栽。

心无旁骛看知了，
专心致志是诀窍。
眼疾手快黏得准，
大小知了何处逃？"

孔子听罢喜盈盈，
扭头转身对学生：
"读书做事同此理，
功夫到时自然成！"

《庄子》精读

仲尼①适②楚,出于林中,见痀偻③者承蜩④,犹掇⑤之也。

仲尼曰:"子巧乎,有道邪?"

曰:"我有道也。五六月累丸二而不坠,则失者锱铢⑥;累三而不坠,则失者十一;累五而不坠,犹掇之也。吾处身也,若厥⑦株拘⑧;吾执臂⑨也,若槁木之枝。虽天地之大,万物之多,而唯蜩翼之知⑩。吾不反不侧,不以万物易蜩之翼,何为而不得!"

孔子顾谓弟子曰:"用志不分,乃凝于神。其痀偻丈人之谓乎!"

——《庄子·达生》

【解读】

这则寓言说明了这样一个道理:做任何事情只要专心致志,就有可能把事情做好、做精,从而掌握独特的本领,成为该领域的专家。

【注释】

① 仲尼:孔子,名丘,字仲尼,春秋末期著名的思想家、政治家、教育家,儒家的创始者。
② 适:往,到。
③ 痀偻:驼背。文中指驼背老人。
④ 承蜩(tiáo):用竿子黏知了。承,用长竿取东西。
⑤ 掇(duō):拾取。
⑥ 锱铢(zī zhū):古代的重量单位。一锱为四分之一两,六铢为一锱,文中指极少。

⑦ 厥（jué）：通"橛"，竖。

⑧ 株拘：树根盘错处。

⑨ 执臂：执竿的手臂。

⑩ 唯蜩翼之知：指"唯知蜩翼"。

祭官说猪

祭祀官,大脸盘,
脑满肠肥腹便便。
倒背双手迈正步,
黑色官服身上穿。

一步三摇到猪圈,
对着肥猪堆笑脸。
嘘寒问暖说半日,
切入正题到关键:

"我选祭猪要求严,
大猪小猪全看遍。
只有老兄最合适,
体壮毛亮筋骨健!

选上待遇不一般,
仨月天天吃白面。
专人为你做斋戒,
敲锣打鼓搞庆典!

前腿后臀放玉盘,
高档白茅做衬垫。
国君为你上香烛,
万众跪拜你面前!"

大肥猪,仰起脸,
浑身哆嗦冒冷汗。
惊魂未定直哼哼,
对着祭官开口言:

"花言巧语比蜜甜,
你居心不良要害俺!
如果真心为俺好,
让俺继续住猪圈!"

《庄子》精读

祝宗人①玄端以临牢厕②，说彘③曰："汝奚恶死？吾将三月豢④汝，十日戒，三日齐⑤，藉⑥白茅，加汝肩尻⑦乎雕俎⑧之上，则汝为之乎？"

——《庄子·达生》

【解读】

猪最终的结局是要被杀了用作祭祀，生前享有再好的待遇又有什么意义呢？这则寓言讽刺的是那些为讲究排场或贪图眼前之利而不顾后果的人。猪就应该养在猪圈里，喂食糟糠，这是自然常理，又何必违背呢？

【注释】

① 祝宗人：祭祀官。
② 牢厕：猪圈。
③ 彘（zhì）：猪。
④ 豢（huàn）：豢养。
⑤ 齐：通"斋"。
⑥ 藉：用草编的垫。古代祭祀用白茅做祭器的衬垫，表示洁净。
⑦ 尻（kāo）：臀部。
⑧ 雕俎：一种雕绘的木制礼器，祭祀时用来盛牺牲（供祭祀用的牲畜）。

纪渻子养斗鸡

周宣王,玩斗鸡,
十战九输很抑郁。
张榜招贤选能人,
要驯斗鸡世无敌!

纪渻子,有名气,
脱颖而出展绝艺。
进宫驯养刚十天,
宣王前来催得急:

"先生驯鸡可顺利?
能否出栏去竞技?
获胜之后有重赏,
犒劳先生大功绩!"

纪渻子,忙施礼,
毕恭毕敬讲道理:
"目前斗鸡太骄狂,
心浮气躁无定力!"

十天之后又催逼,
渻子鞠躬又作揖:
"斗鸡性情尚冲动,
现在出战不适宜!"

月圆月缺月影移,
宣王又来看驯鸡。
渻子上前来禀告:
"大功告成可出击!"

这斗鸡,双眼眯,
形如木雕赛场立。
对手见它掉头跑,
不战而胜真神奇!

《庄子》精读

纪渻子①为王②养斗鸡。

十日而问:"鸡已乎?"曰:"未也,方虚憍③而恃气④。"

十日又问。曰:"未也,犹应⑤向景⑥。"

十日又问。曰:"未也,犹疾视而盛气。"

十日又问。曰:"几矣,鸡虽有鸣者,已无变矣,望之似木鸡矣,其德全⑦矣。异鸡无敢应者,反走矣。"

——《庄子·达生》

【解读】

一只斗鸡当被训练到最高水平时,虽然在战斗时纹丝不动,但精神凝聚、心志不分。因此,其他鸡看到它,唯有逃跑,不敢与它争斗。庄子认为,全神贯注、大智若愚是做人的最高境界。那些一味自吹自擂、装腔作势、心浮气躁的人,都是没有真本领的,也做不成大事业。

【注释】

① 纪渻(shěng)子:人名,姓纪,名渻子。

② 王:指周宣王。

③ 虚憍:虚,虚浮;憍,通"骄"。

④ 恃气:自恃意气。

⑤ 应:反应。

⑥ 向:通"响",鸡鸣声。

⑦ 德全:自然德行完备,指鸡的性情已经变得成熟。

林回弃璧

浓烟滚滚随风飘,
战火纷飞万木号。
林回逃难出城门,
背着包袱走山道。

山路弯弯静悄悄,
树下男婴在襁褓。
涕泗横流咧大嘴,
父母双亡哭号啕。

忽听杀声震云霄,
马蹄阵阵追兵到。
林回快步走上前,
背起小孩接着逃。

一路狂奔到山坳,
气喘如牛吃不消。
双腿发软坐地上,
解下包袱地上抛。

背起孩子又上路，
却听有人大声叫：
"这位先生慢些走，
别忘带上您的包！"

林回转身把头摇，
气喘吁吁相奉告：
"这个包袱实在重，
我要减负得扔掉！"

来人打开布包袱，
目瞪口呆吓一跳。
一面玉璧长半尺，
价值连城无价宝。

这人连忙劝林回，
手指玉璧把头翘：
"兵荒马乱世事艰，
金银珠宝最重要。

先生应该留玉璧，
背上婴儿可扔掉！
玉璧随时换钱粮，
婴儿拖累您手脚！"

林回扭头来回答，
斩钉截铁声音高：
"玉璧本是身外物，
婴儿性命怎可抛？"

《庄子》精读

子桑雽曰:"子独不闻假人之亡①与?林回②弃千金之璧③,负赤子④而趋⑤。

或曰:'为其布⑥与?赤子之布寡矣。为其累与?赤子之累多矣。弃千金之璧,负赤子而趋,何也?'

林回曰:'彼以利合⑦,此以天属⑧也。'

夫以利合者,迫⑨穷祸患害相弃也;以天属者,迫穷祸患害相收也。夫相收之与相弃亦远矣。且君子之交淡若水,小人之交甘若醴;君子淡以亲,小人甘以绝。彼无故以合者,则无故以离。"

——《庄子·山木》

【解读】

林回在遭到危难之际,在意的是人,而不是钱财。而旁人对他的非议,则反映了当时社会上人情淡薄和急功近利的现象。庄子在这里所讲的是人与人交往的状态,即君子相交应该无关利益且在危难时互相扶持,而小人之交则以利益为前提,一旦遭遇危难,所谓友谊则马上分崩离析。

【注释】

① 亡:逃亡。
② 林回:人名,逃民。

③ 千金之璧：价值千金的玉璧。

④ 赤子：婴儿。

⑤ 趋：逃跑。

⑥ 布：古代钱币。

⑦ 利合：指与财利相结合。

⑧ 天属：以天然骨肉相连属。

⑨ 迫：逼近，碰到。

螳螂捕蝉

赤日炎炎照山冈,
张家果园飘清香。
硕果累累压枝头,
惹得行人翘首望。

有位少年本姓庄,
手拿弹弓走山梁。
紧追一只小黄雀,
走进果园细端详。

小黄雀,眼睛亮,
娇小玲珑披羽裳。
飞上枝头立住脚,
目光炯炯盯前方。

庄子诗传

前方有只大螳螂,
张牙舞爪气势壮。
跃跃欲试要捕蝉,
哪知大祸从天降。

这只蝉儿懒洋洋,
树荫底下正乘凉。
趴在树杈正打盹,
不知危险到身旁。

小庄悄悄举弹弓,
对着黄雀正要放。
忽听耳边响炸雷,
有人高声对他嚷。

对面跑来大老张,
朝着小庄挥大棒。
以为小庄偷苹果,
怒气冲冲去阻挡。

小黄雀,大螳螂,
还有蝉儿和小庄。
只见猎物真诱人,
不知杀机身后藏!

《庄子》精读

庄周游于雕陵①之樊②，睹③一蝉方得美荫而忘其身。螳螂执④翳⑤而搏之，见得而忘其形。异鹊从⑥而利之，见利而忘其真⑦。庄周怵⑧然曰："噫！物固相累，二类相召也！"

——《庄子·山木》

【解读】

"螳螂捕蝉，黄雀在后"的典故最早就出自这里。这则寓言告诫人们：不要只顾眼前的利益，还要多注意身边潜藏的危机，从全局去看问题。同时，庄子在这段内容中还表达了对当时社会现状的讽刺，表达了对人们眼中只有利益、心被蒙蔽，整个社会都充斥着铜臭味的现象的批判。

【注释】

① 雕陵：陵名。

② 樊：圃。

③ 睹：看见。

④ 执：举，用。

⑤ 翳（yì）：遮蔽。

⑥ 从：跟在后面。

⑦ 真：真性，性命。

⑧ 怵（chù）：惊恐警醒的样子。

第二章 外篇

魏国学者叫阳子,
才华横溢名声著。
带着学生到宋国,
夕阳西下月光浮。

夜幕降临住旅店,
推门进屋细探看。
大堂里面俩少女,
荆钗布裙着青衫。

恶贵美贱

123

一个长得实在美，
明眸皓齿柳叶眉。
端水扫地干粗活，
老板呵斥正伤悲。

一个长得实在丑，
蜂目豺声狮子口。
柜台后面正算账，
老板对她很温柔。

阳子越看越纳闷，
百思不解啥原因。
找个机会问老板，
老板相告笑吟吟：

"漂亮女孩很骄傲,
自恃有副好相貌。
日久天长讨人嫌,
美在何处我不知道!

丑女孩,很谦卑,
善解人意又贤惠。
对她越看越顺眼,
日久生情岁月催。"

阳子听罢心里明,
豁然开朗对学生:
"品行高尚不自傲,
走遍天下受欢迎!"

《庄子》精读

阳子之宋，宿于逆旅①。逆旅人有妾二人，其一人美，其一人恶②。恶者贵而美者贱。阳子问其故，逆旅小子③对曰："其美者自美，吾不知其美也；其恶者自恶，吾不知其恶也。"

阳子曰："弟子记之：行贤而去自贤之行，安往而不爱哉！"

——《庄子·山木》

【解读】

爱美之心，人皆有之，可故事中的美人遭到轻视，丑女却受人尊敬，那是因为美人自傲，丑女自谦。这则寓言告诉我们：不管你多么优秀，有多大的成就，都不应该过分张扬；不管你多么卑微，多么窘迫，只要你谦卑自知，做好分内的事，自会受到别人的尊重。外貌毕竟只是外在，人们所偏爱的总是那些内在低调务实并谦卑自知的人！

【注释】

① 逆旅：旅店。
② 恶：丑。
③ 小子：指旅店的主人。

鲁国少儒

阳春二月风吹柳,
庄子讲学齐鲁游。
应邀晋见鲁哀公,
宾主落座喝美酒。

鲁哀公,披锦袍,
扬扬自得脸带笑:
"我国儒家人才多,
愿学道家人数少!"

庄子仰脸看哀公,
连连摇头不苟同。
哀公见状心不喜,
举个例子作说明:

"无论城里与乡郊,
鲁人多戴儒士帽。
玉佩丝带系长衫,
先生竟然没看到?"

庄子正色立起身,
直言不讳相辩论:
"真正儒士有学问,
岂靠衣帽来区分?

如若不信可下令,
冒穿儒服判死刑!
国君派人严审核,
立竿见影知实情!"

哀公听罢心打鼓，
半信半疑意踌躇。
思索片刻下诏令，
真儒方可穿儒服！

诏令即日颁城乡，
张贴大街与小巷。
五日之后再巡查，
仅有一人穿儒装！

《庄子》精读

庄子见鲁哀公。哀公曰:"鲁多儒士,少为先生方①者。"

庄子曰:"鲁少儒。"

哀公曰:"举鲁国而儒服,何谓少乎?"

庄子曰:"周闻之:儒者冠圜冠者,知天时;履②句屦③者,知地形;缓佩玦④者,事至而断。君子有其道者,未必为⑤其服也;为其服者,未必知其道也。公固以为不然,何不号⑥于国中曰:'无此道而为此服者,其罪死?'"

于是哀公号之五日,而鲁国无敢儒服者。

——《庄子·田子方》

【解读】

庄子生活的时代与鲁哀公的时代相差一百多年,他们根本不可能对话,可见这是一则寓言故事。鲁国是周公的封国,又是孔子的故乡,按理说儒士应该是很多的,可经过一番考验后,真正的儒士却只有一人。由此可见:社会中爱装腔作势的人太多,而有真才实学的人太少;越是没有才学的人就越注重形式,有真本事的人往往不表露在外。

【注释】

① 方:指道家学术。

② 履：穿。

③ 句屦（qú jù）：勾脚的鞋。

④ 玦：玉器名，环形，有缺口。

⑤ 为：穿。

⑥ 号：号令。

春风桃李树婆娑,
庄周树下开讲座。
滔滔不绝讲大道,
妙语连珠掌声多。

东郭先生把头仰,
似懂非懂心迷茫:
"先生讲道太玄妙,
大道到底在何方?"

庄子听罢笑哈哈,
循循善诱高声答:
"大道就在天地间,
无所不在都有它!"

东郭听闻眼迷离,
一头雾水将身起:
"学生还是不明白,
请您明确指一指!"

无所不在

庄子随手指大树：
"道在树底大蝼蚁！"
东郭闻听吃一惊：
"道在如此低下处？"

庄子抬手指草丛：
"道生田间杂草中！"
东郭越听越糊涂：
"杂草干枯道怎生？"

庄子听罢哈哈笑，
手指茅厕乐陶陶：
"道在砖头和瓦块，
屎里尿里也有道！"

万物并存天地间，
生来平等无贵贱。
生死存亡有规律，
此为大道永不变。

《庄子》精读

东郭子①问于庄子曰:"所谓道,恶乎在?"

庄子曰:"无所不在。"

东郭子曰:"期②而后可。"

庄子曰:"在蝼蚁③。"

曰:"何其下④邪?"

曰:"在稊稗⑤。"

曰:"何其愈下邪?"

曰:"在瓦甓⑥。"

曰:"何其愈甚邪?

曰:"在屎溺⑦。"

东郭子不应。

庄子曰:"夫子之问也,固不及质。正、获⑧之问于监市⑨履狶⑩也,'每下愈况⑪'。汝唯莫必⑫,无乎逃物。至道若是,大言亦然。"

——《庄子·知北游》

【解读】

这则寓言生动地说明了主宰万物的道是无处不在的,大至天地,小至"瓦甓"和"屎溺",庄子通过比喻形象地阐述了道的普遍性。

【注释】

① 东郭子：因住在东郭而取以为名。

② 期：限，谓要求确指。

③ 蝼蚁：蝼蛄和蚂蚁。

④ 下：低下。

⑤ 稊（tí）稗（bài）：两种相似的杂草。

⑥ 甓（pì）：砖。

⑦ 溺（niào）：通"尿"。

⑧ 正、获：主管饮射的官名。

⑨ 监市：管理市场的官。

⑩ 履狶（xī）：用脚踩猪。狶，同"豨"，大猪。

⑪ 每下愈况：这是监市回答如何检查猪的肥瘦的方法。以此比喻检验大道也是如此。

⑫ 汝唯莫必：谓你不要限定道在何处。

第三章 杂篇

害群之马

黄帝乘车奔河南，
马不停蹄一溜烟。
拜见神仙叫大隗，
府邸就在具茨山。

几位大臣来陪同，
浩浩荡荡到襄城。
郊外突然飘浓雾，
众人迷路群山中。

忽见小童坐树底，
怡然自得吹竹笛。
一群马儿正吃草，
听到笛声齐奋蹄。

黄帝上前来问路,
小童伸手指远处。
大隗住哪也知道,
对答如流不踌躇。

黄帝听罢眼睛亮,
知此小童不寻常。
换个话题又请教,
可有治国济世方?

小童仰脸看黄帝,
开门见山奔主题:
"君治天下我牧马,
二者方法差不离。

天下百姓千千万,
与我马群是一般。
害群之马需去除,
其余皆顺其自然。"

害群之马寓意深,
集体之中有坏人。
为非作歹害大家,
及时清除断祸根!

《庄子》精读

黄帝曰:"夫为天下者,则诚①非吾子②之事。虽然,请问为天下。"

小童辞。

黄帝又问。

小童曰:"夫为天下者,亦奚以异乎牧马者哉?亦去其害马者而已矣!"

黄帝再拜稽首③,称天师④而退。

——《庄子·徐无鬼》

【解读】

黄帝和几位贤士去寻找大隗,迷路之时看见一个牧童在放牧,就向他打听道路,发现这个牧童知道的事情很多,于是就向他请教治理天下之道。牧童认为,治理天下的道理和牧马的道理是相同的,那就是"去其害马"。由此可见,庄子认为治理天下的关键就是要惩治那些残害百姓的人。

【注释】

① 诚:诚然。
② 吾子:亲切的称呼,指牧童。
③ 稽首:叩头。
④ 天师:指合乎天道之师。

运斤成风

楚国石匠他姓席，
垒墙盖屋好手艺。
膀阔腰圆长得胖，
生性豪爽大肚皮。

老席搭档本姓石，
瘦骨嶙峋有才智。
一把利斧手中挥，
巧夺天工声名驰。

老席胖，老石瘦，
垒墙削木齐出手。
配合默契效率高，
同心协力盖高楼。

老席鼻梁沾白灰，
薄如蝉翼状似眉。
引人注目太滑稽，
恰似小丑带彩绘。

老石一见开笑口：
"白灰在鼻不可留！"
老席手脏不便擦，
示意老石用斧头！

老石挥斧起风声，
鼻尖白灰全削净。
老席静立在原地，
若无其事心不惊。

现场观众齐喝彩，
老石斧技传四海。
运斤成风作比喻，
技术神妙有奇才。

《庄子》精读

庄子送葬,过惠子之墓,顾谓从者曰:"郢①人垩②慢其鼻端若蝇翼,使匠石③斫之。匠石运斤④成风,听而斫之,尽垩而鼻不伤,郢人立不失容。宋元君闻之,召匠石曰:'尝试为寡人为之。'匠石曰:'臣则尝能斫之,虽然,臣之质⑤死久矣!'"

——《庄子·徐无鬼》

【解读】

这是庄子经过惠施墓地时给人讲的一则寓言。寓言中说楚国的国都郢城里有一个人,去粉刷墙壁时鼻尖上沾了一点苍蝇翅膀大小的白粉,他请一位有名的工匠给他去除白粉。只见那个工匠抬起斧子,呼呼地把郢城人鼻头上的白粉削得一干二净,但郢城人的鼻子完好无损。这一寓言通常用来形容人的手法熟练,神乎其技。

【注释】

① 郢(yǐng):当时楚国的国都。
② 垩:白土。
③ 匠石:一个名叫石的工匠。这是寓言中的人物。
④ 斤:斧子。
⑤ 质:对手,指施展技艺的对象。

猴子逞能

秋风起,万木号,
滚滚长江起波涛。
吴王打猎乘船来,
浩浩荡荡登猴岛。

众将士,披战袍,
剑拔弩张挥长矛。
马蹄声声敲山谷,
杀气腾腾入云霄。

小山坳,真热闹,
一群猴子树上跳。
抓耳挠腮翻跟头,
蹦来跳去乐逍遥。

马嘶鸣,猎犬叫,
吴王打马到山脚。
猴群顿时炸了锅,
叽叽喳喳四处逃。

第三章 ⊙ 杂篇

一只小猴肿眼泡，
特立独行偏不跑。
对着吴王咧大嘴，
挤眉弄眼耍乖巧。

吴王一见把箭架，
会挽雕弓将它瞄。
箭疾如风飞过去，
直射猴子肿眼泡。

小猴子，逞英豪，
伸手接箭地上抛。
得意扬扬眨巴眼，
神气活现很骄傲。

吴王气得胡子翘，
命令将士准备好。
一声令下射小猴，
万箭齐发如冰雹。

花儿遭采因色娇，
雀儿被捉因声巧。
猴子逞能丧了命，
世上没有后悔药！

《庄子》精读

吴王浮①于江,登乎狙之山。众狙见之,恂然②弃而走,逃于深蓁③。有一狙焉,委蛇④攫搔,见巧乎王王射之,敏给⑤搏捷矢⑥。王命相者趋射,狙执死。

——《庄子·徐无鬼》

【解读】

这则寓言告诉我们:人活在世上,要学会谦虚谨慎,不要逞能傲物,否则只会自取灭亡。

【注释】

① 浮:漂,渡。

② 恂(xún)然:恐惧、害怕的样子。

③ 蓁(zhēn):丛生的荆棘。

④ 委蛇(wēi yí):从容自得的样子。

⑤ 敏给:敏捷。

⑥ 捷矢:快速飞来的箭。

蜗角蛮触

小蜗牛,翘着头,
两只触角分左右。
背着壳,树上爬,
一步一摇慢悠悠。

左角右角都住人,
身材渺小似细菌。
各有民众数百万,
相继开国建三军。

左角国号是触氏,
右角国号称蛮氏。
争夺地盘动刀兵,
两虎相争决雄雌。

第三章 ⊙ 杂篇

国君高台擂金鼓,
将士冲锋挥战斧。
尸横遍野随处见,
血流成河漂白骨。

大战三天触氏胜,
乘胜追击入蛮境。
杀人放火十五日,
胜利归来举国庆。

蛮触之争作比喻,
二者争夺极小利。
大动干戈战不休,
绞尽脑汁费心机。

《庄子》精读

（戴晋人）曰："有国于蜗之左角者，曰触氏；有国于蜗之右角者，曰蛮氏①。时相与争地而战，伏尸数万，逐北②旬有五日而后反③。"

——《庄子·则阳》

【解读】

庄子用这个故事来讽刺当时的统治者为了争夺地盘，不惜牺牲百姓的性命而一次又一次发动战争的行为。在庄子看来，这些战争是没有意义的，只是白白耗费百姓的生命财产，给百姓带来深重的灾难。他希望统治者能停止兼并战争，让百姓过上太平的日子。

【注释】

① 蛮氏：与前"触氏"皆为虚拟国名。
② 逐北：追逐败逃之人。逐，追逐；北，败北，败逃。
③ 反：通"返"。

涸辙之鲋

书生庄周穿长靴，
风尘仆仆爬山坡。
水袋干粮扛在肩，
大步流星奔吴国。

天上白云一朵朵，
夕阳西下日光斜。
庄周忽听有人喊，
时断时续声微弱。

山路崎岖有车辙，
一汪积水将干涸。
一条鲫鱼喊救命，
摇头摆尾泥里裹：

庄子诗传

"好心人,救救我,
连日无雨我口渴。
您发发慈悲行行好,
赶快给口水来喝!"

庄周闻听往回折,
满面春风笑呵呵。
面对鲫鱼蹲下身,
手捂水袋开口说:

"小鲫鱼,你别上火,
吴国长江波澜阔。
我与吴王关系好,
引点水来有把握。

长江水,泛清波,
那是你的安乐窝。
我来回只需大半年,
不要着急你等着!"

小鲫鱼，吐唾沫，
怒火中烧不可遏。
泥坑里面打个滚，
鱼眼圆睁变脸色：

"你虚情假意真吝啬，
一口水也舍不得。
你打开水袋分一点，
一升半斗我能活！

花言巧语坏家伙，
空头支票糊弄我！
等你引来长江水，
我早成鱼干上饭桌！"

《庄子》精读

庄周忿然作色曰:"周①昨来,有中道②而呼者。周顾视③车辙④,中有鲋鱼⑤焉。周问之曰:'鲋鱼来,子何为⑥者耶⑦?'对曰:'我,东海之波臣⑧也。君岂有斗升之水而活⑨我哉!'周曰:'诺,我且南游吴越之王,激⑩西江之水而迎子,可乎?'鲋鱼忿然作色曰:'吾失我常与⑪,我无所处⑫。我得斗升之水然活耳,君乃言此,曾⑬不如早索我于枯鱼之肆⑭。'"

——《庄子·外物》

【解读】

这则寓言告诉我们:当别人有困难时,我们要诚心诚意尽自己的力量去帮忙,不能只说大话,开空头支票,不去解决实际问题。

【注释】

① 周:庄周。

② 中道:道中,半路上。

③ 顾视:回头看。顾,回头。

④ 辙:车轮在地上碾出的痕迹。

⑤ 鲋鱼:鲫鱼。

⑥ 何为:为什么?

⑦ 耶:疑问词,相当于"吗""呢"。

⑧ 波臣:水波中的臣子,即水族中的一员。

⑨ 活：使………活。

⑩ 激：引发。

⑪ 常与：经常依存的，这里指水。

⑫ 处：居住、存身的地方。

⑬ 曾：还，竟。

⑭ 肆：市场。

神龟遭难

明月皎皎星眨眼,
万籁俱寂正夜半。
宋国国君宋元君,
九华帐里梦正酣。

梦见一人带绳索,
披头散发声悲切:
"我大难临头遭毒手,
捉我之人叫余且!"

元君梦醒心恍惚,
请来巫师作占卜。
卦象显示是神龟,
遭难托梦求救助。

元君派人找余且,
河边渔夫身披蓑。
昨日网住一大龟,
泪流满面眼婆娑。

余且进宫献大龟,
元君看罢笑微微。
命人牵出去放生,
巫师上前忙劝规:

"这只神龟有法力,
河里放生太可惜。
何不杀掉取龟壳,
用来占卜最适宜!"

元君闻听点点头,
命人杀龟吃炖肉。
龟壳占卜数十次,
次次灵验解烦忧。

孔子闻听有评说:
"神龟才大眼却拙。
你不知人人知你,
所托非人遭横祸!"

《庄子》精读

宋元君夜半而梦人被发窥阿门①，曰："予自宰路②之渊，予为清江使③河伯④之所，渔者余且⑤得予。"

元君觉，使人占之，曰："此神龟也。"

君曰："渔者有余且乎？"

左右曰："有。"

君曰："令余且会朝⑥。"

明日，余且朝。君曰："渔何得？"

对曰："且之网得白龟焉，其圆五尺。"

君曰："献若之龟。"

龟至，君再欲杀之，再欲活之，心疑，卜之，曰："杀龟以卜吉。"乃刳⑦龟，七十二钻⑧而无遗策⑨。

——《庄子·外物》

【解读】

神龟有灵性，却不能避开渔人的网。它托梦给宋元君求救，却被杀死用来占卜。可见"智者千虑，必有一失"，就算再聪明，也总归有糊涂失算、落难遭殃的时候。有些时候，聪明反被聪明误，倒不如顺其自然，保存一份天真。

【注释】

① 阿门：旁门。

② 宰路：渊名，龟居住的地方。

③ 使：出使。

④ 河伯：黄河之神。

⑤ 余且：渔夫名。

⑥ 会朝：赴朝。

⑦ 刳（kū）：剖开挖空。

⑧ 钻：钻孔，古人占卜时在龟甲上钻孔，再用火烧钻孔处，看它的裂纹来定吉凶。

⑨ 遗策：失策，失算。

任公子钓鱼

阳春三月毛毛雨，
雨过天晴飘柳絮。
任国公子起豪兴，
要去东海钓大鱼。

精心准备几十天，
精钢制钩烈火锻。
黑线搓绳碗口粗，
长达百里做鱼线。

为制鱼饵杀肥牛，
精挑细选五十头。
找来壮士一千人，
直奔东海雄赳赳。

东海边，会稽山，
高耸入云接蓝天。
鱼钩挂饵抛海中，
激起巨浪三丈三。

任公子，山顶坐，
目视东海千顷波。
鱼竿一年无声息，
不急不躁心平和。

大鱼吞钩鱼竿晃，
海面掀起滔天浪。
大鱼想逃奔远海，
钓绳入水深又长！

筋疲力尽大鱼累，
浮出水面露脊背。
千人协力拉钓绳，
终将大鱼拖出水。

大鱼上岸如小山,
千人杀鱼整十天。
东海方圆数千里,
人人有份都饱餐。

放长线,钓大鱼,
任公子,有格局。
谋事长远不浮躁,
终成伟业大丈夫!

《庄子》精读

任公子为大钩巨缁①，五十犗②以为饵，蹲乎会稽③，投竿东海，旦旦④而钓，期年⑤不得鱼。已而⑥大鱼食之，牵巨钩錎没而下，骛⑦扬而奋鬐⑧，白波若山，海水震荡，声侔⑨鬼神，惮赫⑩千里。任公子得若鱼，离而腊⑪之，自制河⑫以东，苍梧已北，莫不厌⑬若鱼者。

——《庄子·外物》

【解读】

这篇寓言告诉我们：要成就一番大的事业，就要持之以恒，狠下功夫。

【注释】

① 缁（zī）：黑色。

② 犗（jiè）：阉割过的牛。

③ 会（kuài）稽：山名，在今浙江绍兴东南。

④ 旦旦：天天。

⑤ 期（jī）年：一整年，满一年。

⑥ 已而：后来。

⑦ 骛（wù）：乱跑，纵横奔驰。

⑧ 鬐（qí）：通"鳍"，鱼翅。

⑨ 侔（móu）：相同，等同。

⑩ 惮（dàn）赫：骇人的声威。

⑪ 腊（xī）：干肉，这里把肉晾干。

⑫ 制河：今钱塘江。

⑬ 厌：饱食。

庄周说剑

赵国国君赵文王,
喜爱剑术太痴狂。
招募剑客三千人,
闪跃腾挪演武场。

剑客竞技挥青锋,
血肉横飞常殒命。
文王日夜带笑看,
眉飞色舞喜盈盈。

军国大事抛脑后,
文臣武将都担忧。
屡屡劝谏不见效,
邻国觊觎太子愁。

派人千金赠庄子,
请他劝谏解难题。
庄子辞金见文王,
一身剑服展英姿:

"我剑技十步取人命,
日行千里不留行。
愿以此技献大王,
现场比试来验证!"

文王闻言心欢喜,
称赞庄子世无敌。
精挑细选六剑客,
横眉立目如斗鸡。

庄子堂下抬望眼，
不卑不亢又开言：
"我有宝剑共三种，
使用哪种请您选！

第一种，天子剑，
剑尖燕溪石城山。
晋国卫国做剑背，
宋国周围做剑环。

魏国韩国当剑柄，
剑套包布是中原。
此剑出鞘开天地，
匡正诸侯天下安！

第二种，诸侯剑，
智勇之士当剑锋。
清者廉者为剑脊，
英雄豪杰当剑柄。

此剑一出若雷霆,
万众归服莫不从。
顺应民意定四方,
天下无人敢争雄!

第三种,庶民剑,
蓬头垢面鬓毛乱。
叮叮当当相搏击,
斩脖砍手穿心肝。

大王高居天子位,
庶人之剑不相配。
我劝大王树雄心,
胸怀天下展翅飞!"

文王殿上侧耳听,
幡然悔悟脸发红。
痛改前非不迟疑,
专心致志理朝政!

《庄子》精读

昔赵文王①喜剑,剑士夹门②而客三千余人。日夜相击于前,死伤者岁百余人。好之不厌。如是三年,国衰,诸侯谋之③。

太子悝④患之,募左右曰:"孰能说王之意止剑士者,赐之千金。"

左右曰:"庄子当能。"

太子乃使人以千金奉庄子。庄子弗受,与使者俱,往见太子,曰:"太子何以教周,赐周千金?"

…………

曰:"庶人之剑,蓬头突鬓,垂冠,曼胡之缨,短后之衣,瞋目而语难,相击于前,上斩颈领,下决肝肺。此庶人之剑,无异于斗鸡,一旦命已绝矣,无所用于国事。今大王有天子之位而好庶人之剑,臣窃为大王薄之⑤。"

王乃牵而上殿,宰人上食⑥,王三环之。庄子曰:"大王安坐定气,剑事已毕奏矣!"

于是文王不出宫三月,剑士皆服毙⑦其处也。

——《庄子·说剑》

【解读】

这是一篇结构完整、情节曲折、故事性强的寓言故事,讲述了赵文王沉溺于剑术而废弃国事,庄子作为说客挺身而出,予以劝谏的故事。

【注释】

① 赵文王：指赵惠文王，赵武灵王之子。

② 夹门：拥门，聚于门。

③ 谋之：图谋攻打它。

④ 大子悝（kuī）：虚构的赵文王之子。

⑤ 薄之：鄙视这种做法。

⑥ 上食：端上饭菜。

⑦ 服毙：自杀。

屠龙之技

周朝小伙朱泙漫,
相貌堂堂男子汉。
心高气傲想出名,
名扬天下震山川。

不愿读书去当官,
不学手艺去挣钱。
这些本事太平常,
雕虫小技没特点。

岁月如梭一年年,
泙漫转眼二十三。
浑浑噩噩度春秋,
一事无成心里烦。

远方朋友来探看,
见到小朱开口言:
"何不报名学杀龙,
惊天动地美名传!

老弟有副好身板，
还有名师在眼前。
我的朋友支离益，
杀龙名师我引见！"

小朱闻听笑开颜，
正中下怀快决断。
变卖家产学屠龙，
每年学费几十万。

小朱学艺在东山，
跟着师傅天天练。
做条假龙当靶子，
一招一式记心间。

三年学成就下山，
四处找龙没发现。
屠龙之技虽高超，
无龙可杀也枉然！

《庄子》精读

朱泙漫学屠龙于支离益,单①千金之家。三年技成,而无所②用其巧③。

——《庄子·列御寇》

【解读】

有一个叫朱泙漫的人向支离益学习屠龙的技巧,他散尽了千金家财,三年后学成技艺,却发现没有地方可以使用他掌握的杀龙技巧。这则寓言告诉我们:学习知识和技能要学以致用,不能盲目跟风。否则,既浪费时间又花费了钱财,而学到的本领却毫无用处。

【注释】

① 单:通"殚",竭尽。
② 无所:没有地方。
③ 巧:技巧,本领。

曹商舔痔

宋国书生叫曹商，
穷困潦倒少年郎。
时来运转当使者，
出使秦国摆仪仗。

秦王见他心里爽，
眉开眼笑喜洋洋。
赠他豪车一百部，
金银珠宝两大筐。

曹商回国到家乡，
荣归故里脸放光。
见到庄子下马车，
自鸣得意把头仰：

"你吃剩菜在陋巷,
面黄肌瘦缺营养。
我出使秦国收益大,
轻而易举金满箱!"

庄子将他细打量,
面带冷笑开了腔:
"听说秦王正患病,
寻医问药有悬赏。

能治毒疥给辆车，
谁舔痔疮给五辆！
你得豪车一百部，
吮痈舔痔费周章！"

曹商闻言脸发胀，
面红耳赤立当场。
脑袋慢慢垂下来，
如同茄子打严霜。

吮痈舔痔打比方，
趋炎附势奴才相。
只求富贵不要脸，
厚颜无耻太疯狂！

《庄子》精读

宋人有曹商①者,为宋王使②秦。其往也,得车数乘。王说③之,益车百乘。反于宋,见庄子曰:"夫处穷闾④厄⑤巷,困窘织屦⑥,槁项⑦黄馘⑧者,商之所短也;一悟万乘之主而从车百乘者,商之所长也。"

庄子曰:"秦王有病召医,破⑨痈⑩溃痤者得车一乘,舐痔者得车五乘,所治愈下,得车越多。子岂⑪治其痔邪?何得车之多也?子行矣!"

——《庄子·列御寇》

【解读】

尊严和利益的取舍是个非常严峻的问题。秦王绝对不是昏庸的君主,根据政治和外交中"利益交换"的原则,曹商从他那里得到那么多好处,一定是出卖了宋国许多利益。曹商以宋国使者取悦秦国国君,这本身就丧失了宋国的尊严,同时也丧失了他自己的尊严。秦王对曹商的所作所为越是满意,给曹商的车子越多,说明曹商丧失的尊严就越多。

【注释】

① 曹商:姓曹,名商,宋国人。
② 使:出使。

③ 说：同"悦"，喜欢。

④ 闾（lú）：原指里巷大门，后指人聚居处。

⑤ 厄（ài）：通"隘"，狭隘，狭窄。

⑥ 织屦：编草鞋。

⑦ 槁项：脖颈瘦细无肉。

⑧ 黄馘（xù）：面孔黄瘦。

⑨ 破：使之破。

⑩ 痈（yōng）：脓疮。

⑪ 岂：如何，怎样。

千金之珠

九曲黄河弯又弯,
风吹芦花荡两岸。
老潘家在岸上住,
编芦为生常饥寒。

老潘儿子是小潘,
年方二十壮如山。
血气方刚胆子大,
撒网捕鱼到河边。

河连湖泊有深渊,
深不可测碧水潭。
小潘潜泳到湖底,
捡颗明珠光灿灿。

欣喜若狂回家转,
兴高采烈对老潘:
"这颗明珠值千金,
已请工匠细检验!

明珠珍贵您保管，
进城赶集去换钱。
我明天再去摸两颗，
发家致富在眼前！"

老潘接珠仔细看，
火冒三丈脸色变。
高举石块砸明珠，
一直砸到稀巴烂：

"水潭底，黑龙盘，
呼风唤雨性凶残。
此珠挂在下巴上，
视若珍宝常把玩。

你趁它睡眠偷明珠，
纯属侥幸能生还。
黑龙当时若没睡，
你葬身龙腹命归天！"

《庄子》精读

庄子曰:"河上有家贫恃纬萧①而食者,其子没于渊,得千金之珠。其父谓其子曰:'取石来锻之!夫千金之珠,必在九重之渊而骊龙②颔下,子能得珠者,必遭其睡也。使骊龙而寤,子尚奚微之有哉!'今宋国之深,非直③九重之渊也;宋王之猛,非直骊龙也。子能得车者,必遭其睡也;使宋王而寤,子为齑④粉夫!"

——《庄子·列御寇》

【解读】

有个人去见宋国国君,宋国国君赏给他十辆车子。此人就凭着这十辆车子,来向庄子显摆。于是,庄子就给他讲了这个故事,说明宋国深宫,不止是九重深渊;宋国国君之猛,甚于黑龙。此人去见宋国国君时,正值国君迷糊的时候,他才侥幸获得成功,获取这十辆车子,如果当时国君清醒过来,此人就很可能遭到杀身之祸。生命重要还是发财重要?当然是生命重要。因此,人不应该以生命为代价去谋取利益。

【注释】

① 纬萧:编织芦苇一类的草制成草制品。
② 骊龙:黑龙。
③ 直:但,止。
④ 齑(jī):捣碎。

庄子将死

秋风瑟瑟落叶黄,
庄子将死床上躺。
行将就木风摇烛,
神情安然不慌张。

一群弟子跪床前,
心中悲痛泪洗面。
七嘴八舌表心意,
厚葬老师到阴间。

庄子听罢直摇头,
弟子好意不接受:
"我死之后抛荒野,
回归自然万事休!

我以天地当棺椁,
棺内双璧是日月。
椁上星河似流水,
融入宇宙最安乐!"

众弟子,泪光闪,
忧心忡忡开口言:
"乌鸦山鹰荒野飞,
只怕遗体难保全!"

庄子闻言笑嘻嘻,
批评弟子太小气:
"我身体一具将放弃,
地上地下都可以!

放在地上老鹰吃,
埋在地下喂蚂蚁!
你为蚂蚁争食粮,
不怕老鹰饿肚皮?"

《庄子》精读

庄子将死,弟子欲厚葬之。庄子曰:"吾以天地为棺椁,以日月为连璧①,星辰为珠玑②,万物为赍送③。吾葬具岂不备邪?何以加此!"

弟子曰:"吾恐乌鸢④之食夫子也。"

庄子曰:"在上为乌鸢食,在下为蝼蚁食,夺彼与此,何其偏也。"

——《庄子·列御寇》

【解读】

儒家重视孝悌人伦,提倡"厚葬久丧"。道家认为人死后会回归自然,则对丧葬持无所谓的态度,故而庄子在临终前不希望弟子将他厚葬。世上没有人是不惜命的,面对死亡,人总会有一些恐惧,可庄子在临死前依旧超然洒脱,可谓是看破生死的豁达之人。

【注释】

① 连璧:两块并连起来的玉璧。
② 珠玑:珍珠。圆的叫珠,不圆的叫玑。
③ 赍(jī)送:持物以送葬,这里指送葬品。
④ 乌鸢(yuān):乌鸦和老鹰。